CONSEGUINDO O PRIMEIRO EMPREGO OU ESTÁGIO EM FINANÇAS

Passos comprovados para iniciar sua carreira com a ajuda de alguém de dentro

WAYNE WALKER

© Direitos Autorais 2019 por Wayne Walker, Todos os direitos reservados.

Este livro foi escrito com o objetivo de fornecer informações tão precisas e confiáveis quanto possível. Os profissionais devem ser consultados conforme necessário antes de empreender qualquer uma das ações aqui endossadas.

Esta declaração é considerada justa e válida tanto pela Ordem dos Advogados Americana quanto pela Associação do Comitê de Editores e é legalmente obrigatória em todos os Estados Unidos.

Além disso, a transmissão, duplicação ou reprodução de qualquer um dos seguintes trabalhos, incluindo informações precisas, será considerada um ato ilegal, independentemente de ser feito eletronicamente ou em papel. A legalidade se estende à criação de uma cópia secundária ou terciária da obra ou uma cópia registrada e só é permitida com o consentimento expresso por escrito da Editora. Todos os direitos adicionais são reservados.

As informações nas páginas seguintes são amplamente consideradas como um relato verdadeiro e preciso dos fatos e, como tal, qualquer desatenção, uso ou mau uso das informações em questão pelo leitor tornará qualquer ação resultante unicamente sob sua responsabilidade. Não há cenários em que o editor ou o autor original desta obra possa ser de alguma forma considerado responsável por qualquer dificuldade ou dano que possa lhes ocorrer após empreender as informações aqui descritas.

INDICE

INTRODUÇÃO: Por que este livro? 5
CAPÍTULO 1: Começamos indo direto ao assunto 7
CAPÍTULO 2: Obtendo esta rede no campus 13
CAPÍTULO 3: Finanças, trajetórias de carreira e o impacto da tecnologia ... 21
CAPÍTULO 4: Currículo Curto ou Longo? 27
CAPÍTULO 5: A entrevista 31
CAPÍTULO 6: Algumas notas em entrevistas via telefone ou online 35
CAPÍTULO 7: A oferta de trabalho 39
CAPÍTULO 8: Negociando o salário 41
CAPÍTULO 9: Aproveitando ao máximo o estágio ou o treinamento 45
CAPÍTULO 10: O primeiro emprego após a graduação 51
CAPÍTULO 11: O cenário social 55
CAPÍTULO 12: O Exercício de Avaliação Financeira da GCMS 59
CAPÍTULO 13: Perguntas para a entrevista de candidatos de finanças 67
CAPÍTULO 14: Recursos 77
CONCLUSÃO 79
PERFIL DO AUTOR 81
FOLHA DE RESPOSTAS DA AVALIAÇÃO FINANCEIRA DA GCMS 83

INTRODUÇÃO:
Por que este livro?

A pergunta que deve ser respondida para qualquer livro deste tipo é por quê? Qual é o objetivo? Estou apenas preenchendo as páginas com palavras ou existe algum valor claro que será fornecido aos leitores. Vou pular o suspense, acredito que este livro cumpre o objetivo de entregar valor em quantas páginas forem necessárias, mas sem excesso (meus outros livros são conhecidos por serem diretos ao ponto).

Nas páginas seguintes, falarei diretamente sobre o que é necessário para abrir as portas a um emprego ou carreira nas finanças. A conversa direta vem de minha experiência pessoal de trabalho nos setores bancário e financeiro em vários países e continentes. O mais importante para os leitores são as ideias que tenho compartilhado com estudantes e recém-formados em todo o mundo. Estas ideias e dicas têm sido utilizadas com resultados bem sucedidos. Em termos simples, este é o livro que eu desejava que estivesse disponível quando eu me formasse na universidade. Minhas sugestões têm funcionado para milhares de pessoas, MAS não sou arrogante o suficiente para sugerir a perfeição, pois qualquer coisa ou qualquer pessoa pode ser melhorada.

CAPÍTULO 1
Começamos indo direto ao assunto

O resultado final em garantir o trabalho uma vez que você tenha uma entrevista é convencer os entrevistadores de que você os ajudará a alcançar seus objetivos melhor do que qualquer outro candidato. Por favor, pense cuidadosamente sobre isto.... você precisa convencê-los de que você é o melhor candidato para ajudá-los a alcançar seus objetivos. Tão importante, que deve ser repetido. Tente imaginar o cenário em que os papéis são invertidos, não é isso que você também quereria de um candidato? A resposta deve ser um claro sim!

Sua tarefa, então, é descobrir o máximo possível quais são os objetivos do departamento ou gerente que conduzirá a entrevista ou entrevistas. Felizmente, vivemos na era da Internet, onde um oceano de informações está disponível gratuitamente ou quase gratuitamente. Você pesquisará lá para obter o máximo de informação relevante possível. Se você já conhece alguém na empresa, então você tem a arma secreta ideal a ser utilizada na batalha.

O que realmente importa

O parágrafo anterior diz respeito à entrevista, agora vamos examinar quais são algumas das medidas tomadas para garantir essa entrevista. O mais importante, é a sua rede profissional de pessoas que você conhece e quem eles conhecem. Eu realmente gostaria que houvesse uma forma mágica de contornar este fato. Se você nem sequer ler mais uma frase neste livro, basta chegar a este ponto e você está a meio caminho do seu objetivo. Isto é injusto e acho que politicamente incorreto, mas não tenho tempo para isso e você também não. Suas conexões desempenharão um papel exagerado no início de sua carreira, feliz ou infelizmente, e elas o seguirão.

Antes de me aprofundar nisto, devo deixar claro que obviamente suas notas e a reputação da escola que estudou desempenham um papel, mas uma boa rede de conexões as supera sempre... com facilidade.

Começo me utilizando como exemplo, e também vou compartilhar exemplos de alunos que ensinei de todo o mundo, Europa, Ásia, EUA, etc. O elo comum a uma maioria de seus sucessos ou desafios para garantir esse trabalho inicial é sua rede.

Minha jornada: conseguir meu primeiro emprego em Nova Iorque teve influência das pessoas que eu conhecia no setor. Os primeiros empregos bancários que pude conseguir na Europa foram de dicas que meus amigos me deram. Tão boas foram as dicas que um dos empregos foi uma das situações de entrevista "sem entrevista" que se torna mais comum após seus primeiros empregos. Esta "sem entrevista" significa que, em vez de uma entrevista tradicional, você simplesmente discute se há uma convergência de pensamentos entre você e seu empregador em potencial.

Minha situação era única? Absolutamente não! Posso me referir a um painel de palestrantes noturnos de carreira internacional no qual me sentei alguns anos atrás. No painel, todos nós tivemos a oportunidade de descrever brevemente o processo de como conseguimos nossos empregos. A maioria estava em posições devido à entrevista "sem entrevista". Para conseguir suas posições, estava basicamente tendo uma discussão com alguém que já o conheciam de sua rede.

Agora o cínico pode pensar, bem Wayne, isto é bom para você e outros profissionais experientes, mas e nós estudantes? Mesmo que você concorde com o que escrevi inicialmente, você pode perguntar o que você pode oferecer como "apenas um estudante"? Meu ponto de vista é que qualquer um que subestima o trabalho de networking como um estudante universitário está perdendo muitas oportunidades. Os resultados para minha empresa através das conexões "apenas um estudante" têm sido fantásticos. De negócios internacionais a parceiros educacionais online, clientes particulares, etc., a lista é muito extensa.

Algumas dicas: como estudante, você TEM algo a oferecer. Você está a par, em muitos casos, das mais novas tecnologias e tendências que são uma mercadoria valiosa. Outro ponto-chave é que você vai se formar, portanto sua situação e suas possibilidades mudarão. Mesmo como estudante, sua rede existente é provavelmente mais valiosa do que você acreditaria. Qualquer profissional ou empresa inteligente deve estar ciente de que os estudantes não caem do céu, você nunca poderá ter certeza de quem são os amigos, pais ou parentes desses estudantes.

Ponto Principal

A partir de minha experiência no mundo real de lidar com estudantes de finanças em todo o mundo, o ponto principal de garantir a maioria de seus trabalhos teve a ver com alguém em sua rede e, em alguns casos, fui eu quem compartilhou minha rede com alguns deles.

CAPÍTULO 2
Obtendo esta rede no campus

Seria uma decepção fazer um grande drama sobre o papel de sua rede sem oferecer algumas etapas sobre como adquirir uma. Como estudante, suas primeiras investidas começam no campus. Junte-se a qualquer grupo ou clube financeiro que lhe interesse, o mais rápido possível. O objetivo final é que você inicie o processo de construção de uma rede profissional. Claro, você aprenderá muitas coisas novas, mas no final, sua rede expandida é o objetivo. Por exemplo, na Europa, alguns dos clubes estudantis são muito populares e profissionais. Trabalhei com muitos deles, na Universidade de Groningen, na Holanda, por exemplo, os líderes do clube estão fora da escola pelo tempo em que lideram o clube. Em outras palavras, é um trabalho em tempo integral. Isso é o quanto os grupos podem ser sérios.

Os diferentes clubes organizam aulas práticas sobre vários tópicos, alguns dos quais eu já ensinei. Eles também têm noites de empresa. Uma noite de empresa é quando os bancos, etc., têm jantares onde os estudantes podem conhecer os funcionários e fazer um networking para conseguir estágios de verão e primeiros empregos. Para muitas, mas não todas, essas noites de networking têm um limite médio de notas, portanto, você precisará de boas notas para participar.

Liderança

Agora que você está no grupo, o próximo passo é ir além de ser um membro sem rosto, colocar seu pescoço para fora e candidatar-se a uma posição de liderança. Isto lhe dará a oportunidade de praticar a liderança no ambiente seguro da escola. Se você cometer um erro, e daí? tudo é perdoado porque você é um estudante. Melhor cometer erros empresariais no ambiente seguro da escola e não em sua vida profissional.

Em muitos casos, sua capacidade de falar em público irá melhorar drasticamente. Uma nota sobre falar em público, pratique esta habilidade com a maior frequência possível, será um dos melhores ROIs de seu tempo na escola.

Ok, de volta à liderança, com um papel de liderança você pode maximizar e turbinar suas oportunidades de networking. Você será o ponto de contato para todas as empresas e parceiros externos. Isto também pode levar a networking com outros clubes financeiros ou de negócios em outras universidades para expandir ainda mais sua rede! Obviamente, isso fica bem em seu currículo/CV e o ajuda a se destacar no campo frequentemente lotado de concorrentes.

Experiência Prática

Seja como membro ou não do clube, o mais cedo possível e na medida do possível, garanta treinamento prático em qualquer área de finanças que lhe agrade. Quanto mais prático for o treinamento, melhor. Lembre-se, na universidade você terá toneladas de teoria, portanto em seu tempo livre não é necessária mais teoria. As habilidades práticas ajudam a fazer com que você se destaque no processo de seleção para estágios ou empregos. Outra vantagem destas aulas práticas é que você pode se conectar com alunos com a mesma mentalidade e podem ajudar uns aos outros no processo.

LinkedIn

Crie e mantenha uma conta no LinkedIn o mais rápido possível. Esta é a ferramenta preferida para finanças e redes de negócios. Pule a foto de perfil de você em um concurso de bebedores de cerveja e adicione uma de você como uma pessoa em seu caminho na vida. A partir daí você pode começar a se conectar com pessoas de empresas que lhe interessam e especialmente com ex-alunos de sua universidade. Uma nota de cautela, conectar-se com alguém e, no dia seguinte, pedir favores é considerado de muito mau gosto. É provável que a pessoa o bloqueie ou o ignore. Outro ponto na jornada de networking é iniciar o processo <u>muito</u> antes de você precisar usá-lo.

O que estudar?

Uma das perguntas populares que recebo dos estudantes é "quão importante é aquilo em que me formei?" a resposta rápida é que importa, mas não é um divisor de águas. Desde que haja uma base de aulas que inclua uma mistura de economia, finanças, estatísticas, etc., então você está bem. Desde meus dias de contratação, já contratei até graduados em História, o mais importante para mim era o interesse e a atitude da pessoa. Ter uma sólida formação financeira também NÃO dói. Muitas empresas e bancos têm seu próprio programa de treinamento e eles lhe ensinarão muito do que você precisa saber.

Para ser realista, a graduação em história ou em inglês aumentará suas chances de ter um estágio em um banco ou ter uma conta de trade de demonstração como prova de seu interesse, por exemplo, em fazer trade. Também se você tem um objetivo específico de ser um contador, então não é surpresa que suas aulas tenham um foco pesado nesse assunto.

Criptomoedas e Blockchain

No momento em que escrevo, as criptomoedas e a tecnologia de blockchain estão conosco. Ambas ainda são relativamente novas e é recomendável que você aprenda e compreenda os princípios fundamentais delas. Para os ignorantes, blockchain é a tecnologia subjacente às criptomoedas. No entanto, este não é um artigo de opinião sobre a tecnologia, se você estiver aconselhando os clientes, mesmo que não goste pessoalmente de um produto, talvez ainda seja necessário estar atento a ele.

Idiomas

Fora das aulas de administração, uma das coisas que você deve considerar é o seu conhecimento de idiomas. Isto é provavelmente mais para estudantes nos Estados Unidos, cujos conhecimentos de línguas estrangeiras, geralmente, não são tão fortes quanto os europeus e outros. A esmagadora maioria dos alunos que leciono na Europa tem fluência ou quase fluência em um mínimo de 2 a 3 idiomas, estudantes dos Estados Unidos, não tanto. Quanto mais idiomas, mais oportunidades para você, é tão simples quanto isso.

Os idiomas com um retorno de investimento comprovado? O inglês é o vencedor, como muitos o chamam de idioma do dinheiro. Árabe, russo, alemão ou mandarim também são seus bilhetes para grandes bônus se você estiver trabalhando em uma equipe de negociação, gestão de riqueza privada e áreas relacionadas. Sim, muitos destes clientes falam inglês, mas como outras pessoas no mundo, eles preferem fazer negócios em seu idioma nativo, especialmente quando isso envolve seu dinheiro.

A partir de meus anos de experiência gerenciando traders de moedas estrangeiras, as equipes do Oriente Médio, Rússia e Ásia tiveram grandes volumes de negociação. Seus clientes gostam de atividade e isso é bom para o bônus da equipe. Para as equipes de gestão de riqueza, a nova riqueza no mundo vem muito dos mercados emergentes, portanto, dominar idiomas é uma vantagem.

A reputação de sua faculdade

A reputação de sua escola é importante, mas não é tão importante quanto alguns tentarão fazer com que ela seja. Você vai para a faculdade que funciona para você, no sentido de que se sente confortável lá. Como as pessoas costumam dizer, "vá para onde você é celebrado e não apenas tolerado". Passar de 3 a 6 anos em um lugar que você odeia não soa tão atraente. A reputação de sua faculdade desempenhará um papel na decisão de um banco ou empresa que talvez queira visitar para uma noite ou um dia de carreira. No entanto, se você tem construído seus contatos durante seu tempo na faculdade, então a reputação de sua escola ainda estará em segundo ou terceiro lugar em termos da importância de conseguir um emprego.

CAPÍTULO 3
Finanças, trajetórias de carreira e o impacto da tecnologia

Onde começar sua carreira em finanças? Muito disso depende de seu interesse. Quanto mais extrovertida sua personalidade, melhor para vendas e quanto maior for a cerebral, mais opções ou algoritmos de negociação. É importante ter em mente que muitas das posições são especializadas, portanto, uma vez que você entre, você realmente está dentro.

Banco de Investimento

Estes são alguns dos trabalhos que você vê com frequência nos filmes. Ação, glamour, dinheiro e longas horas. Onde você acaba, novamente, depende de seu interesse e de sua aptidão. Você pode estar em uma mesa de negociações executando negociações forex ou de opções. Pode também incluir dar conselhos de negociação a indivíduos e corporações de alto valor em rede. Muitas empresas de bancos de investimento estão divididas em divisões e regiões. Isto também oferece muitas oportunidades para se tornar internacional, se for um desejo.

Banco Comercial

Banco comercial é o que a maioria das pessoas está familiarizada quando você menciona o setor bancário. Isto poderia incluir seu banco local para empréstimos e hipotecas. É aqui que você vai se preferir o sentimento local como gerente de agência ou oficial de empréstimo, etc.

Planejamento Financeiro

Os planejadores financeiros e gestores de riqueza privados trabalham com clientes privados para planejar a melhor maneira de atender aos objetivos financeiros do cliente. Isto poderia incluir planejamento fiscal ou estratégias de investimento, para citar apenas algumas.

Capital Privado

Equipes de capital privado trabalham na busca de capital para empresas, por exemplo, uma expansão regional ou global. Elas também podem estar envolvidas em reestruturações ou aquisições de empresas.

Finanças Corporativas

As finanças corporativas podem envolver trabalho com fusões e aquisições, preparação de demonstrações financeiras ou negociação com auditores externos.

Fundos de Hedge

Os fundos de hedge são fundos de investimento privados onde os gestores têm muita liberdade em como e o que investem ou negociam. Eles podem usar alavancagem, derivativos, juntamente com a redução do mercado. Os empregos são considerados excitantes, e sem surpresa, a concorrência é muito intensa. Algumas das posições possíveis dos fundos de hedge incluem traders, gerentes de carteira, analistas quantitativos, etc.

Preparativos para o futuro (O impacto da tecnologia)

As finanças são uma das áreas que tem sido impactadas e continuarão a ser impactadas pela tecnologia. Seria um mau serviço para você se ignorássemos ou negligenciássemos este tópico.

Quando comecei no setor financeiro, os técnicos geralmente eram vistos apenas como uma despesa no banco onde eu trabalhava. Nos últimos anos houve uma notável mudança mental no setor, para onde eles agora fazem parte do escritório central (onde o dinheiro é feito). Espera-se agora que os candidatos e programadores façam parte da equipe para aumentar as receitas.

Primeiro, você tem algoritmos de negociação (*algos*), que é um método de execução de negociações usando instruções de negociação automatizadas pré-programadas levando em conta variáveis tais como preço, tempo e volume. Isso às vezes é chamado de negociação em caixa preta.

Além de executar grandes negócios, os *algos* podem fixar os preços dos ativos mais rapidamente do que os humanos, o que pode ser uma ameaça para algumas opções ou equipes de títulos.

A seguir, estão os robôs-conselheiros, onde os clientes bancários podem obter aconselhamento financeiro ou informações de negociação com pouca ou nenhuma interação humana. Os assessores são executados por algoritmos.

Impacto nos empregos

Quanto ao impacto sobre o papel dos banqueiros e especialistas em finanças, isso significa simplesmente que, de agora em diante, apenas ter habilidades básicas não será suficiente. Você precisará receber treinamento extra fora do que é normalmente oferecido em muitas universidades. Por exemplo, habilidades de programação: MQL4, Python ou C++. Na seção de referência deste livro há algumas sugestões de livros que podem ajudá-lo a se aprofundar nestes tópicos.

O que os profissionais astutos também veem como a influência a curto prazo das novas tecnologias é que haverá menos foco ou tempo gasto em tarefas rotineiras. Outra maneira de ver isso é que a tecnologia não eliminará os traders ou gestores de riqueza, ao invés disso, permitirá que eles desempenhem um nível mais alto e se tornem mais produtivos. Por exemplo, com a IA (Inteligência Artificial) desencadeada, você pode identificar seus clientes de baixo desempenho mais rapidamente ou ser alertado para oportunidades de investimento negligenciadas.

CAPÍTULO 4
Currículo Curto ou Longo?

Primeiro um pouco sobre as diferenças. As diferenças notáveis estão no comprimento e no objetivo. Um currículo curto é um breve retrato de suas habilidades e experiência e um currículo longo é mais detalhado. Seu currículo curto é geralmente uma página ou no máximo duas páginas. Em teoria, um currículo longo pode ter de até seis páginas. Onde você estiver no mundo determinará o que é melhor para você. Nos Estados Unidos, um currículo curto é mais comum, para a Europa, Ásia, e Oriente Médio, um currículo longo é a norma.

Qualquer que seja o formato escolhido, sugiro que você o mantenha no máximo em duas páginas e lidere com o que é mais relevante para a posição que você está aplicando. Como pessoa que fez uma boa quantidade de entrevistas e contratações, posso lhe dizer que raramente leio além de uma ou duas páginas. Eu estava simplesmente muito ocupado, como muitos dos outros gerentes e líderes regionais. Nós só queríamos chegar ao ponto, que é "você pode nos ajudar a atingir nossos objetivos?".

Você incluirá o básico; seu nome, endereço, etc. na Europa, especialmente no norte da Europa, muitas pessoas incluem sua data de nascimento junto com uma foto. Dependendo de seu país, as fotos e datas de nascimento podem ser consideradas exageradas. Além do básico mencionado, você destacará qualquer atividade remunerada ou não remunerada que tenha feito e que seja relevante para o cargo.

Algumas palavras sobre suas posições menos glamorosas, se você trabalhou como garçom, faxineiro, etc. enquanto estava na escola, sinta-se à vontade para mencioná-lo. Estas posições mostram uma ética de trabalho tão boa quanto qualquer outra. Tenha em mente que as pessoas que fazem as entrevistas também tinham uma grande variedade de empregos na universidade. O trabalho de verão que eu tinha antes de começar a universidade incluía cortar grama ao sol fervente! Nunca tive problemas para encontrar empregos por causa disso. Mais tarde na vida, fui até mesmo um "figurante" ou um membro do elenco de apoio na Danish Royal Opera. Não estou mais me candidatando a empregos, mas quando as pessoas entram em contato comigo para me consultar sobre projetos ou para treinamento de carreira, para minha surpresa, uma das primeiras coisas que as pessoas me perguntam é sobre esse emprego. Qualquer lugar que não o contratará somente porque você limpou salas provavelmente são pessoas com as quais você não quer passar muito tempo. Lembre-se de que você está entrevistando a empresa tanto quanto eles estão entrevistando você.

Currículos Não Solicitados

Se você acredita que uma empresa tem oportunidades irresistíveis para seu futuro, então não há necessidade de esperar até que haja uma abertura oficial. Se eles acreditarem que suas propostas de valor para ajudá-los a atingir seus objetivos são válidas, as portas se abrirão. No mínimo, você será a pessoa a quem você irá se dirigir no momento em que houver uma abertura. Sua iniciativa de dar um passo em frente não tem lados negativos.

Sistemas de Rastreamento de Candidatos

Vamos rever a tecnologia que muitos de vocês enfrentarão na caça ao trabalho. É quase uma prática comum agora para grandes empresas em muitas indústrias implantar Sistemas de Rastreamento de Candidatos (ATS) e o mundo financeiro não é diferente. Estes sistemas funcionam através da leitura de currículos em busca de palavras e frases-chave. Em teoria, isto assegurará que somente os candidatos mais qualificados avancem no processo de busca de emprego. Infelizmente, este nem sempre é o caso.

Eu me pergunto quantas pessoas qualificadas foram negligenciadas simplesmente porque não amontoaram seus currículos com palavras-chave suficientes. Espero que isto finalmente firme o ponto sobre ter uma rede. Se sua rede é forte o suficiente, em muitos casos você pode pular esta etapa.

Cover letter

Sua cover letter é outro passo importante na caça ao trabalho. Aqui seu objetivo é fazer com que o leitor se interesse o suficiente para dar uma segunda olhada em seu CV e, assim esperamos, convidá-lo para uma entrevista. Você vai querer incluir o motivo de seu interesse no cargo e o motivo pelo qual eles devem convidá-lo para a entrevista.

CAPÍTULO 5
A entrevista

Agora você está finalmente no momento crucial, se você conseguiu chegar à entrevista então suas chances de conseguir o emprego são razoavelmente boas. Se eles pensassem que você não tinha nenhuma chance, você não teria chegado até aqui.

A chave para o sucesso na entrevista é a preparação. Você está preparado quando sabe sobre a empresa, onde eles estão e onde pretendem estar. Então você se torna mais granular, você descobrirá qual é o papel do departamento para o qual você está entrevistando no quadro geral da empresa. Você sempre quer ter em mente o que motiva o outro lado (o entrevistador). O processo de preparação também incluirá o máximo de prática possível na resposta a perguntas comuns de entrevista. Isto ajudará a lhe dar uma apresentação mais polida. Uma coleção destes exemplos de perguntas está em um capítulo posterior.

Como mencionado anteriormente, você deve convencer o entrevistador de que você é a melhor pessoa para ajudá-los a alcançar seus objetivos. Você conseguirá isto projetando a imagem de confiança e obterá esta confiança ao estar preparado. Muitos estudos revelam que a decisão sobre se você conquista ou não a posição é tomada nos primeiros cinco minutos, portanto sua energia de confiança deve ser sentida por todos na sala.

Você, como regra, ouvirá mais do que fala, mas também desejará ter uma lista de perguntas sobre a posição e a empresa quando eles perguntarem se você tem alguma dúvida. Não ter nenhuma pergunta quando você chega a esta parte da entrevista não é bom. Por exemplo, sua pergunta poderia ser obter mais informações sobre a progressão típica da carreira de alguém que tem o cargo ao qual você está se candidatando.

Meu ponto de vista para entrevistas

A questão fundamental que eu procurava quando fazia entrevistas era se havia ou não uma correspondência entre o CV e a pessoa que eu via na minha frente. Qualquer candidato que me dissesse "eu tenho uma paixão", mas nenhuma evidência disso, as coisas normalmente não iam bem. Se você tem uma "paixão por trade", é melhor eu ver muitas provas, por exemplo, treinamento extra ou aulas que você teve fora do que era obrigatório para o seu diploma. Você era membro de um clube financeiro? Você tinha uma conta trade de demonstração? Estas coisas trazem alinhamento entre o CV e a pessoa.

CAPÍTULO 6
Algumas notas em entrevistas via telefone ou online

Muitas pessoas me perguntam sobre como lidar com uma entrevista por telefone. Entrevistas telefônicas ou online são comuns hoje em dia, portanto, uma estratégia é necessária. A boa notícia é que você usará a maioria das sugestões que cobrimos para a entrevista presencial. Entretanto, sua capacidade de escuta terá que subir de nível devido ao fato de que você não poderá ver o entrevistador.

A preparação é fundamental, assim como a entrevista presencial. Você precisará de uma área tranquila, livre de qualquer TV, fundo ou ruído da rua para conduzir a chamada. Um bloco de notas ou caderno de algum tipo é outra obrigação. Isto é essencial para tomar notas de quaisquer números, ou fatos-chave discutidos que você gostaria de referir mais tarde na chamada. Isto também evita que você precise pedir que as coisas sejam repetidas e que você apresente uma impressão mais polida ao entrevistador.

Muitas pessoas, incluindo eu mesmo, parecem ter um melhor desempenho neste tipo de entrevistas enquanto estão de pé. Outra dica que tem funcionado para muitos é vestir-se como se ou quase como se você estivesse em uma entrevista presencial. Você leu corretamente, você se veste como se estivesse lá, está provado que isso proporciona um impulso mental. Da mesma forma como você se veste para muitas outras áreas de sua vida pode influenciar a forma como você age ou se apresenta.

Uma dica de meus muitos anos de discurso em público que deve proporcionar uma vantagem extra para você; antes da entrevista, você deve beber uma boa quantidade de água para ter sua garganta lubrificada. Não há necessidade de exagerar, apenas alguns copos antes e depois um copo ou garrafa de água ao seu lado para durante a entrevista.

Se você estiver fazendo uma entrevista online, então o óbvio é que você deve ter uma conexão robusta à internet e todos os seus aparelhos técnicos estão totalmente carregados e testados antes da entrevista.

CAPÍTULO 7
A oferta de trabalho

Boas notícias! Você tem a oferta pela qual tanto trabalhou. O primeiro passo é ter certeza de que o básico está correto, a posição e o salário são o que você tinha em mente. Dependendo da posição, a oferta será feita tanto por telefone e depois seguida ou por correio ou e-mail. Você corrigirá quaisquer discrepâncias imediatamente e então passará para os próximos passos. Para aqueles que não têm certeza, esteja ciente de que uma oferta de emprego e aceitação por telefone é legalmente obrigatória.

Analise cuidadosamente se esta é a empresa para a qual você realmente quer trabalhar, examine novamente os prós e os contras. Se você tiver o "problema" agradável de avaliar várias ofertas de trabalho, peça mais tempo para tomar uma decisão adequada. Entretanto, seja realista e atencioso, não é recomendável levar semanas para decidir.

CAPÍTULO 8
Negociando o salário

Como estagiário, o salário não é a principal prioridade. As prioridades são ganhar experiência e construir uma rede. Para um recém-formado, ainda não é a prioridade máxima, mas tem mais importância. Como um graduado, você não é mais um estudante e não deve se contentar com um pagamento insuficiente. Em caso de dúvida, é perfeitamente correto perguntar sobre qual é a faixa salarial para o seu cargo. Com base em que outras habilidades extras você tem (línguas estrangeiras, programação, etc.) você pode obviamente exigir ser colocado no extremo superior da faixa salarial.

Flexibilidade

Os recém-formados são frequentemente surpreendidos com a flexibilidade dos salários. Não é inédito ou incomum que pessoas que fazem trabalhos idênticos em uma empresa tenham salários muito diferentes. Isto pode ser devido à quando eles começaram, quem eles conhecem, o aperto no mercado de trabalho, ou sua própria assertividade. Lembre-se do velho ditado "a boca aberta é alimentada". Como muitos devem saber, seu salário é apenas um aspecto de sua remuneração geral. Você deve estar ciente de que outras vantagens ou benefícios estão disponíveis. Se a empresa for generosa, por exemplo, no patrocínio de mais educação ou treinamento externo, então um salário inicial mais baixo pode ser negligenciado no quadro geral. Ao subir a escada da empresa, sugiro que sua flexibilidade com o salário se torne menor.

Valor vs. Horas

Trabalhar profissionalmente no setor bancário raramente envolve ser pago por hora. Sim, existem diretrizes dependendo de seu país, mas em geral, os traders e banqueiros de investimento trabalharão entre 40 e 60 horas por semana. Eu gostaria de aconselhá-lo no início de sua carreira a se concentrar no valor que você traz para uma equipe versus quantas horas você está lá. Há uma grande diferença entre estar ocupado e ser produtivo. Esta velha prática de acumular uma quantidade louca de horas, espera-se que esteja de saída como a tendência do almoço líquido dos anos 90.

Uma das equipes que eu consegui teve uma mãe com uma criança pequena frequentando a escola e ela fez disso uma prática de sair mais cedo para pegá-lo da escola todos os dias. Ela se aproximou de mim quando entrou na equipe sobre a necessidade especial que ela tinha. Honestamente, no início eu estava hesitante, mas ela me prometeu um desempenho excepcional. Resumindo, ela acabou sendo a principal produtora da equipe e não deve ser nenhuma surpresa que eu também lhe tenha dado o maior bônus em nossa equipe. Na realidade, ela ganhou mais dinheiro do que eu ganhei.

Qualquer gerente sério se concentrará no valor que você traz e não tanto no número de horas que você fica no escritório. Isto é algo que você deve sempre lembrar especialmente quando se trata do momento de negociar salário ou bônus.

CAPÍTULO 9
Aproveitando ao máximo o estágio ou o treinamento

Agora você tem o seu estágio, parabéns! Vamos examinar como maximizar seu tempo no cargo. O objetivo mais óbvio é aprender o máximo que você pode e deve. Especialmente prestando atenção a quais tipos de comportamentos que são recompensados e quais são punidos. Durante todo este processo, você quer manter a mente aberta o máximo possível e apenas absorver informações. Esta mente aberta também significa aberta a fazer coisas que não estão exatamente em sua descrição de trabalho. Por exemplo, na equipe comercial da qual eu fazia parte, devido às habilidades linguísticas de um estagiário que trabalhava conosco, ele às vezes ajudava a executar negócios. Não fazia parte de seu trabalho, mas ele era aberto e, por sua vez, nós lhe demos treinamento extra. Para evitar qualquer mal-entendido, esta abertura não dá luz verde a comportamentos antiéticos.

Resumindo, um estágio é cedo demais no processo de exploração de carreira para fixar exatamente o que você vai querer fazer como um primeiro emprego depois de se formar.

Confiança

Como estagiário ou funcionário estudante você é considerado na equipe, mas ainda um pouco forasteiro. Isto eu sei por ter trabalhado com alguns estagiários nas equipes que eu administrei. Em alguns casos, estranhamente, as pessoas podem compartilhar ou confessar coisas a você que não o fariam com outros membros regulares da equipe. Isto porque, como estagiário, você se encontra em uma categoria protegida, seus erros serão perdoados muito mais rápida e facilmente do que outros. O único erro que NÃO será perdoado é compartilhar, sem permissão, qualquer informação confidencial que lhe foi dada. Basicamente, você terá quebrado a confiança e, dependendo com quem você fez isso, seus dias restantes como estagiário poderão ser um inferno vivo.

Criação de Mercado

Uma equipe que menciono frequentemente na aula, quando perguntado sobre onde está um dos melhores departamentos ou equipes para se juntar se seu interesse é o trade ou a divisão de mercado de um banco e isso é a criação de mercado. É aqui que você aprenderá muito sobre negociação interbancária, além de obter conhecimentos profundos sobre como trabalhar com um livro de ordens. Este treinamento lhe fornecerá uma base sólida para praticamente qualquer outro departamento, mais tarde. Os criadores de mercado que eu conheço passaram a ser chefes de divisões comerciais, CEOs de corretoras de médio porte, e até mesmo chefes de vendas.

Networking para estagiários

Durante sua experiência como estagiário, sem surpresa, seu objetivo, após aprender habilidades práticas é o trabalho em rede, e começar a construir contatos profissionais. Estas são as pessoas que o recomendarão para outro estágio ou lhe darão um contato com as pessoas que dirigem os novos programas de pós-graduação. Por experiência própria, muitos dos novos comerciantes contratados foram contratados anteriormente como estagiários de verão ou de inverno. O feedback dos alunos que eu dei nas aulas da GCMS é que muitos tiveram seus primeiros empregos a partir de conexões como estagiários.

Uma coisa a ter em mente é que as pessoas nas finanças se movimentam muito, entre empresas e países. Mesmo que as finanças e os bancos de investimento sejam globais, na realidade nós nos conhecemos mais uns aos outros do que se imagina apenas observando de fora. Esta é outra razão para guardar sua reputação como você faria com sua vida. O amigo ou inimigo feito em um banco pode estar esperando por você em seu próximo empregador como colega, chefe ou o chefe de seu chefe!

Diferenças de networking entre a Europa e os Estados Unidos

Felizmente, as diferenças não são tão grandes assim, mas as diferenças sutis são importantes. A importância de estar a serviço dos outros primeiro e fazer conexões ANTES de precisar delas permanece a mesma.

Nos Estados Unidos, caminhar até estranhos e se conectar não é grande coisa e em Nova York, onde passei boa parte de minha carreira, isso é quase esperado. Na Europa, especialmente no norte da Europa (Noruega, Suécia, Dinamarca e Finlândia), as pessoas podem considerar este comportamento agressivo. Em Londres, as coisas estão um pouco mais próximas do estilo nova-iorquino, mas com uma margem um pouco mais suave, dependendo do seu círculo. Portanto, para os americanos, quando estiver na Europa, você deve considerar a possibilidade de atenuar um pouco as coisas, se você for do tipo nova-iorquino. Para meus leitores europeus, então, ao lidar com pessoas dos Estados Unidos, fale mais, alto, como diz o velho ditado "a boca aberta se alimenta!".

CAPÍTULO 10
O primeiro emprego após a graduação

Não foi meu primeiro emprego depois de me formar, mas ainda hoje faço networking com membros de minha antiga equipe. A propósito, agora estamos todos em bancos diferentes ou iniciamos nossas próprias empresas.

Eu sou o cara muito feliz no meio, com os braços estendidos.

Bem-vindo ao "mundo real", como diz o clichê. O chamado mundo real na verdade não é tão ruim assim. A primeira boa notícia é que você deve finalmente ser pago em dinheiro real. Muito do que foi sugerido para os estagiários pode ser aplicado aos recém-formados, mas há mais urgência. Sua aquisição de habilidades e a formação de redes de contatos sobem alguns níveis.

A aquisição de habilidades na prática, é que o mais rápido possível após a conclusão de seu treinamento inicial, que você comece a buscar treinamento adicional ou, no mínimo, que os outros saibam que este é seu desejo. Na maioria dos casos, seu gerente verá isso de forma positiva. Em muitos bancos, os gerentes são avaliados quanto ao progresso de suas equipes. Por exemplo, se você administra uma equipe onde muitas pessoas são promovidas, isso reflete positivamente sobre o gerente. Ele ou ela está fazendo algo certo, além de também tornar a equipe desse gerente muito atraente. Todos vão querer trabalhar lá, quem não gostaria de trabalhar em uma equipe em que as pessoas progridem?

Networking no primeiro emprego

As regras do networking de estagiário que já estavam cobertas se aplicam, mas nós refinamos as coisas. O que você notará rapidamente uma vez trabalhando em uma mesa de negociações é que quantas pessoas trabalharam umas com as outras em algum momento de suas carreiras. Isto se aplica não apenas aos comerciantes, administradores de riqueza e criadores de mercado, mas até mesmo as equipes de marketing tiveram frequentemente contatos de trabalhos anteriores.

Um de seus objetivos como novo membro da equipe é mostrar alguma flexibilidade e estar aberto a fazer favores, por exemplo, trocar horários de serviço com um colega se você trabalhar em uma mesa 24 horas. Como já mencionado anteriormente, esta flexibilidade nunca inclui coisas antiéticas. Ser antiético rapidamente o alcançará e lá se vai sua carreira.

Em muitas empresas, você terá uma certa rotatividade no pessoal. As pessoas que você gosta, mantenha o máximo possível de laços estreitos com elas. Elas se tornarão sua fonte de notícias para o que está acontecendo em outras empresas, além de que você agora tem acesso a outra rede. Você, em troca, é a fonte de notícias deles em sua empresa ou em outro lugar. Outro ponto a ser considerado é que, tão frequentemente quanto as pessoas deixam as empresas, elas podem em um ou dois anos retornar à mesma empresa!

CAPÍTULO 11
O cenário social

Muitos livros de carreira saltam esta parte porque ela pode ser sensível, sou conhecido por dizê-la como ela é, portanto posso fazê-lo. O mundo do comércio e dos bancos de investimento às vezes parece ser apenas uma grande festa (fora do trabalho). Vários fatores contribuem para isso, primeiro é o seu salário bem pago. Você terá, na maioria dos casos, um salário que lhe permite mais espaço de entretenimento do que a pessoa comum. No caso de você não ter, não precisa se preocupar porque há tantas reuniões de empresa. Na Escandinávia, onde resido parte do ano, há uma coisa chamada "bar de sexta-feira" ou "fredag bar" em dinamarquês, onde os bancos ou empresas fazem uma festa para você todas as sextas-feiras nas instalações da empresa. Só posso dizer que gostei de todos os meus bares de sexta-feira sem nenhum incidente. Infelizmente não posso dizer o mesmo para todos, especialmente aqueles que são novos no setor bancário. Você realmente precisa estar atento nestes eventos, se divertir sim, de fato, se divertir muito! Entretanto, com o álcool, especialmente enquanto ainda estiver na propriedade de seu empregador, eu permaneceria no lado conservador.

Nas festas de Natal da empresa, eu tentei sempre sair antes que as coisas ficassem muito loucas. Eu *não* era um anjo, o que meus amigos e eu fazíamos era levar a festa extra para outro lugar, longe da visão completa de todos os nossos colegas que precisaremos ver na segunda-feira de manhã. Algo para você considerar.

Namorar no trabalho

Namoro no trabalho, tem acontecido em todos os lugares em que já trabalhei. Desde meu emprego de verão como conselheiro de campo em Nova Iorque, durante meus dias de universidade, até a gestão de equipes de banqueiros na Europa. Durante meu tempo como funcionário, vi muitas pessoas se encontrarem e acabarem casadas enquanto trabalhavam, portanto, há alguns finais felizes.

Sugiro que você faça o namoro no trabalho, a seu critério. Alguns dos óbvios "nãos", namorar com seu chefe ou assediar pessoas por encontros não só fará com que você seja demitido ou processado, mas você pode acabar em um tribunal criminal se defendendo. A melhor ideia é namorar com pessoas fora do local onde você trabalha. Para uma divulgação completa, eu também namorei onde trabalhava e quando comparado a namorar fora do trabalho, parecia que namorar fora do trabalho era tanto menos complicado quanto estressante. No final, você terá que ver o que funciona melhor para você, e no atual ambiente jurídico delicado eu teria muito cuidado.

Está pensando em namorar no meio do dia de trabalho? Resista ao impulso, as poucas vezes que ouvi falar disto enquanto estava no trabalho, sempre acabou mal para as pessoas envolvidas.

CAPÍTULO 12
O Exercício de Avaliação Financeira da GCMS

Este exame de avaliação foi projetado para lhe dar algum feedback sobre seu conhecimento dos princípios básicos dos mercados de capitais. As perguntas devem fazer você pensar, mas não devem ser excessivamente desafiadoras, já que estes são os princípios básicos. A maioria dos exames raramente dá mais de um minuto por pergunta, portanto, para ser realista, você deve testar a si mesmo com isso (um minuto) como referência. Se você estiver tendo problemas, é claro que você deve procurar algum treinamento prático ou livros para ajudar a preencher as lacunas.

Por favor, tenha em mente que os exames completos terão geralmente de 50 a 100 perguntas, isto é apenas para ser um "aperitivo".

O Exercício de Avaliação Financeira da GCMS

1. Qual das seguintes declarações sobre o comportamento da poupança é mais precisa?
(a) Os aumentos de renda esperados incentivam os indivíduos a economizar menos
(b) Taxas de juros mais altas tornam os indivíduos menos dispostos a comercializar o consumo presente para consumo futuro
(c) Nenhum dos itens acima

2. Desvio Padrão é uma medida de

(a) Nem risco nem retorno

(b) Retorno

(c) Tanto risco como retorno

(d) Risco

3. Ações que são negociadas no mercado com grandes volumes são chamadas

(a) Ações líquidas

(b) Ações ilíquidas

(c) Ações de valor

(d) Ações de crescimento

4. Qual das seguintes opções não é uma rota típica de saída para o Investidor de Capital Privado?

(a) IPO

(b) NCD

(c) Comprar de volta

(d) Venda estratégica

5. Quando o Fed aumenta as taxas de juros, qual é o impacto esperado sobre a inflação?

(a) Diminui

(b) Sem impacto

(c) Aumenta

6. O que é o FOMC?
(a) Federal Official Market Corp
(b) Federal Office Market Committee
(c) Federal Open Market Committee

7. O que a IPC mede?
(a) Pressão corporativa
(b) Inflação
(c) Gastos do consumidor

8. Por que as médias móveis são úteis como uma ferramenta comercial?
(a) Estudos mostram que é melhor do que outras ferramentas de análise
(b) Dá sinais comerciais perfeitos
(c) Torna mais fácil detectar uma tendência

9. É possível negociar forex durante a semana às 3 da manhã?
(a) Sim, o mercado está aberto 24 horas por dia, 6 dias por semana.
(b) Sim, mas somente as moedas asiáticas
(c) Somente se aprovado por um revendedor sênior

10. Qual é a finalidade de uma ordem de parada?
(a) Parar a perda em um trade
(b) Parar a perda em uma posição fechada
(c) Para ajudar os novos comerciantes

11. Quando um trader deve esperar a maior volatilidade do mercado a partir de um relatório?
(a) Quando o relatório é visivelmente diferente das expectativas
(b) Quando o relatório é como esperado
(c) Quando o relatório é ligeiramente diferente das expectativas

12. Quais são os exemplos de coisas que podem afetar o mercado forex?
(a) Relatórios de emprego/trabalho
(b) A quantidade de recém-nascidos no México
(c) Quantas pessoas viram as notícias esta semana

13. Um modelo que descreve a relação entre risco e retorno esperado e é usado na precificação de títulos é mais conhecido como
(a) Modelo Beta
(b) Hipótese de mercado eficiente
(c) Linha de mercado de segurança
(d) CAPM

14. 14. O risco é medido por
(a) Volatilidade
(b) Taxas de juros
(c) Devoluções
(d) Nenhum dos itens acima

15. Um título de cupom zero terá risco _____ zero
(a) Risco de reinvestimento
(b) Risco de taxa de juros

(c) Risco de inadimplência
(d) Risco de inflação

16. Você é um comerciante internacional que está fazendo negócios com o México. Você irá adquirir uma grande quantidade de pesos num futuro próximo e teme que o valor do peso venha a diminuir. Como você pode proteger sua posição?
(a) Vender contratos futuros de peso
(b) Vender contratos futuros de dólar
(c) Comprar contratos futuros de peso
(d) Nenhum dos itens acima

17. Johan espera 15.000 dólares como um presente de seu tio. O dinheiro será recebido em um mês. Ele planeja investir 50% de sua doação em ações. As tendências recentes no preço das ações indicam que o preço das ações poderá subir. As próximas eleições podem prejudicar o espírito dos comerciantes e também se o governo decidir adotar uma política econômica rigorosa. Com base nas informações fornecidas, o que Johan deve fazer se ele quiser se beneficiar do curto período de tempo em que se encontra na cotação das ações?
(a) Comprar futuros/opções de índice longo
(b) Comprar ações no mercado à vista, pegando dinheiro emprestado
(c) Futuros de índices de venda curto
(d) Nenhum dos itens acima

18. Os retornos da ação A e da ação B têm um coeficiente de correlação de −1. Quando o preço da ação A se valoriza em 12%, como será o preço da ação B?

(a) Depreciar em 12%

(b) Apreciar em 12%

(c) Depreciar em 6,0%

(d) Permanecer inalterado

19. Se um título é vendido como premium

(a) Sua taxa de cupom está abaixo da taxa de mercado

(b) É um investimento atraente

(c) Seu rendimento composto realizado será menor do que o rendimento até o vencimento

(d) Seu rendimento atual é mais baixo do que a taxa do cupom

20. NASDAQ é

(a) A NASDAQ (acrônimo de National Association of Securities Dealers Automated Quotations) é uma bolsa de valores americana

(b) Uma seção da NYSE onde as ações de tecnologia são negociadas

(c) O símbolo comercial de uma empresa de aquariofilia listada na Amex

A folha de respostas está disponível no final do livro.

CAPÍTULO 13
Perguntas para a entrevista de candidatos de finanças

As perguntas de entrevista apresentadas devem ser usadas como um aviso sobre o que esperar de uma entrevista típica. Você se prepara melhor ao formular suas respostas a várias versões das perguntas deste guia. Seja com um parceiro ou por conta própria, você quer se tornar o mais confortável possível com os TIPOS de perguntas. Tudo isso com o objetivo de torná-lo o mais polido possível.

Os empregadores estão procurando candidatos com o seguinte: Conteúdo, Habilidades Práticas ou Adaptativas.

- Conteúdo: Conhecimento que é específico do trabalho, por exemplo (comércio, linguagem, codificação, programação, etc.)

- Habilidades Práticas: Habilidades desenvolvidas a partir de empregos ou atividades passadas que o empregador considera valiosas, por exemplo (organização, liderança, desenvolvimento, comunicação, etc.)

- Habilidades Adaptativas: Características pessoais tais como ser confiável, jogador de equipe, auto-motivado, pontual, etc.

Qual é a estratégia ideal para responder a este tipo de perguntas?

Você deve responder com uma visão geral da tarefa ou problema, ações específicas que você tomou e o resultado final de suas ações. Sua resposta deve conter todos os pontos a seguir.

Tarefa: Nossa equipe teve um desempenho abaixo da média, com erros comerciais superiores à média.

Ação Específica: Criei e dirigi sessões de treinamento para melhorar as habilidades de execução de trade.

Resultado: Reduzimos os erros de trade em 50 por cento.

Explicação de Escolhas

- Fale-me sobre você e me acompanhe através de seu CV. Me dê um breve resumo de seu histórico de trabalho.
- Por que você escolheu sua universidade?
- Em que cursos você fez o melhor ou o pior?
- Conte-me sobre sua experiência universitária ou de pós-graduação.
- Por que você deixou seu último cargo?
- O que você aprendeu sobre você mesmo em seu último emprego?
- Conte-me sobre suas razões para selecionar esta indústria.
- Dê exemplos de como você usou suas maiores habilidades.
- Qual é a sua maior fraqueza?

- Quais têm sido seus maiores sucessos e realizações? Como você os conseguiu?

- Quais foram seus fracassos e o que você aprendeu com eles?

- Diga-me seu maior arrependimento.

Motivações

- Quais são suas realizações/resultados mais significativos?

- O que o motiva?

- Quais foram identificados como seus principais pontos fortes?

- O que o atrai nesta função?

- Quais eventos tiveram o impacto em sua vida?

- De que tipo de atividades você gosta?

- Discuta algo a seu respeito que eu não possa aprender com seu currículo.

- O que você faria se não tivesse que trabalhar por dinheiro?

- O que você faz para se divertir?

- Onde você se vê daqui a 2-3 anos?

Trabalho em Equipe

- Descreva uma época em que você era membro de uma equipe que experimentou dificuldades. O que você fez? Qual foi o resultado?

- O que você fez especificamente para promover o trabalho em equipe e a cooperação entre indivíduos e grupos em uma situação de negócios? Qual foi sua motivação? Qual foi a eficácia de suas ações?

- Conte-me sobre um gerente com quem você trabalhou e que você respeita profundamente. Quais são as características dessa pessoa que a tornam eficaz e inspiradora como líder de uma equipe?

- Que papel você costuma assumir em uma empresa

Lidando com incertezas

- Conte-me sobre um projeto em que você trabalhou e que estava em constante mudança e imprevisível. Como você lidou com ele?

- Descreva uma situação em que você, ou as pessoas ao seu redor, estavam desconfortáveis devido à falta de direção ou de diretrizes. Como você reagiu e quais foram os resultados?

Iniciativa

- Proporcione um exemplo de um momento em que você trabalhou em um projeto/emprego crítico com pouca ou nenhuma supervisão. Como você procedeu? Qual foi o resultado?

- Qual é o melhor exemplo de como sua iniciativa fez a diferença na obtenção dos resultados necessários?

- Descreva um projeto no qual você foi além do que se esperava de você.

- Qual é o melhor exemplo que você pode dar de assumir um risco calculado em uma situação incerta para ir atrás de um objetivo desejado?

Construção de Relacionamento

- Descreva uma experiência na qual você teve que superar uma forte resistência a suas ideias ou iniciativas. Descreva seu público, a natureza do assunto que você discutiu com eles e os passos que você deu para influenciar o grupo.

- Recorde um momento em que você persuadiu outros a fazer o que você queria.

- Dê o melhor exemplo de como você trabalhou com sucesso nos bastidores para influenciar uma decisão comercial importante.

Liderança

- Proporcione um exemplo de uma situação em que você foi capaz de melhorar o desempenho de outra pessoa. O que levou a essa situação?

- Descrever uma situação em que você teve que assumir a supervisão de um funcionário? O que você fez?

- Dê-me exemplos de sua capacidade de liderança.

- O que os membros de sua equipe diriam de você se eu lhes pedisse feedback sobre seu estilo de liderança?

Criatividade

- Proporcione um exemplo de quando você descobriu oportunidades de negócios para gerar lucros. Como você procurou a oportunidade? Qual foi o resultado?

- Descreva uma situação quando você sugeriu uma abordagem criativa para resolver um problema. Foi aceito?

- Você sugeriu uma nova ideia para alguém recentemente? Qual foi a ideia? O que motivou a ideia?

- Qual foi a coisa mais criativa/inovadora que você já fez?

- Dê-me um exemplo onde você veio com uma solução criativa para um problema.

Integridade

- Conte-me sobre uma época em que você fez uma promessa que se mostrou difícil de cumprir. O que você fez para resolver a situação?

- Você já enfrentou uma situação em que alguém não foi tratado de forma justa? O que você fez? Qual foi o resultado?

- Conte-me sobre uma época em que você colocou os melhores interesses de outra pessoa à frente dos seus. O que lhe passou pela cabeça ao considerar sua decisão? O que você achou de sua escolha?

Aprendiz Rápido

- Descreva um momento em que você entrou em uma nova situação e teve que adquirir rapidamente conhecimentos para compreender que estava acontecendo. Que ferramentas você utilizou? Qual foi o resultado?

- Como você responde a perguntas que envolvem conteúdo com o qual você não está familiarizado?

Equipe e Cultura

- Descreva o que seria um ambiente ideal para você.

- Do que você mais gosta no ambiente em que trabalha atualmente? Que aspectos de seu trabalho atual você está procurando evitar em seu próximo trabalho?

- O que você acha que este cargo requer, e até que ponto você atende a essas exigências?

- Descreva as áreas mais relevantes e específicas de sua experiência que mostram que você está qualificado para este trabalho.

- O que é mais importante para você em seu próximo cargo?

- Como você define o estresse e como você o gerencia?

- Por que você está interessado nesta posição?

- O que é que lhe interessa em nossa empresa?

- Conte-me sobre suas razões para selecionar esta indústria.

A Finalização

- Por que devemos contratá-lo?

- Por que você é a pessoa ideal para este cargo?

- O que o torna diferente dos outros candidatos?

- Você tem alguma pergunta para mim/nós?

CAPÍTULO 14
Recursos

Alguns de meus outros livros que comprovadamente ajudam estudantes e recém-formados. A propósito, vários deles também estão disponíveis em português:

Programação de Algo:

Programação de Consultores Especializados para Iniciantes: Estratégias de Lucro Máximo no MT4 Forex

Análise Técnica:

Análise Técnica para Forex Explicada

Blockchain:

Blockchain: Aplicações e Compreensão do Mundo Real

Sites:

Um dos melhores sites para busca de emprego e artigos relacionados a bancos de investimento e finanças em geral: https://www.efinancialcareers.com/

Educação prática do mercado de capitais e treinamento de carreira:

https://www.gcmsonline.info/

CONCLUSÃO

Obrigado por ter chegado até o final de *Conseguindo o Primeiro Emprego ou Estágio em Finanças*. Esperemos que tenha sido informativo e capaz de lhe fornecer as ferramentas necessárias para atingir seus objetivos de garantir um trabalho financeiro que o desafie! O próximo passo é praticar a questão da entrevista até que ela se torne natural para você. Para aqueles que querem mergulhar ainda mais fundo, então você pode visitar meu site para outras opções.

Boa sorte para você!

PERFIL DO AUTOR

Wayne Walker é o diretor de uma empresa de educação e consultoria de mercados de capitais globais (gcmsonline.info). Ele possui muitos anos de experiência em liderar e treinar equipes de Consultores de Investimento e gerenciou equipes de alto desempenho no Grupo de Clientes Privados com base no Bench Mark Earnings (BME). Além disso, ele é conhecido por ajudar muitos na obtenção de seus primeiros empregos na área de finanças.

Folha de respostas da Avaliação Financeira da GCMS

1 – A
2 – D
3 – A
4 – B
5 – A

6 – C
7 – B
8 – C
9 – A
10 – A

11 – A
12 – A
13 – D
14 – A
15 – A

16 – A
17 – A
18 – A
19 – D
20 – A

www.ingramcontent.com/pod-product-compliance
Lightning Source LLC
Chambersburg PA
CBHW070449220526
45466CB00004B/1788